Elisabeth y los gusanitos de seda

Elisabeth et les petits vers à soie

Sumario / Sommaire

"Elisabeth y los gusanitos de seda"

La pequeña Marie-Elisabeth nació en Montereau Fault-Yonne el 14 de Enero de 2009. De padres de origen cubanos, sin ser desarraigada de su cultura cubana nativa, fue inmersa junto con su hermano Luis-Daniel, quien es dos años mayor que ella, en lo más profundo de los valores de Francia… ¡Su pasión por las artes nació en la escuela, donde con la edad de tres años, ya dominaba mejor los pinceles que los cubiertos en la mesa! Su estilo para pintar fue manifestándolo muy pronto, sobre todo en las paredes de su casa, que eran sus cuartillas preferidas. Es cierto, que el trabajo como investigador de su papá, reducía el tiempo que le acordaba para jugar con ella, pero su prodigiosa imaginación era capaz de convertir su tristeza en el sustrato de historias fascinantes.

Este cuento, "Elisabeth y los gusanitos de seda", les invita a reflexionar sobre la manera en que la inocencia de una niña de nueve años intenta descifrar un entorno social simplificado con nueve gusanitos de seda.

"Elisabeth et les petits vers à soie"

La petite Marie-Elisabeth est née à Montereau Fault-Yonne le 14 janvier 2009. De parents d'origine cubaine, sans être déracinée de sa culture cubaine natale, elle fut plongée avec son frère Luis-Daniel, qui a deux ans de plus qu'elle, dans les valeurs les plus profondes de la France… ¡Sa passion pour les arts est née à l'école, où à trois ans déjà elle maîtrisait déjà mieux les pinceaux que les couverts à table ! Son style pour peindre s'est manifesté très rapidement, surtout sur les murs de sa maison qui étaient ses supports préférés. Il est vrai, que le travail de son père en tant que chercheur, réduisait le temps qu'il lui accordait pour jouer avec elle, mais son imagination prodigieuse était capable de transformer sa tristesse en substrat pour des histoires fascinantes.

Ce conte, "Elisabeth et les petits vers à soie" vous invite à réfléchir sur la façon dont l'innocence d'une fillette de neuf ans tente de déchiffrer un environnement social simplifié avec neuf petits vers à soie.

"Elisabeth y los gusanitos de seda"

"Elisabeth y los gusanitos de seda" es un cuento para niños, que ha sido escrito por Marie Elisabeth CRUZ RODRIGUEZ a la edad de nueve años en colaboración de su papá.

Este cuento infantil, ha sido editado y traducido a la lengua francesa por la Asociación Concienciarte: N° SIRET 841 914 088 00015 APE 9499Z.

Fotografía de un dibujo realizado por la joven artista Marie Elisabeth (Antequera, España, Agosto 2018). Promocionado a través de las redes de comunicación de la *Asociación ConCienciArte*, como el 11 de Enero 2019 en la presentación de pinturas del artista "ELIDAN" en Montereau-Fault-Yonne, Francia, ciudad natal de la joven escritora.

Gracias Carmen, (una amiga de escuela, la mejor amiga…), gracias por haber regalado los gusanitos de seda a Marie Elisabeth.

Gracias Colegio Infante Don Fernando, de Antequera, Málaga, por su colaboración en la edición.

Gracias Señor José Luis CAPARROS CAPARROS por la traducción de mi libro en francés.

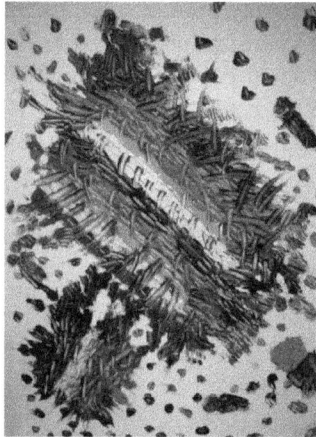

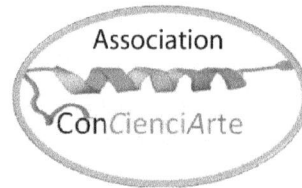

"Elisabeth et les petits vers à soie"

"Elisabeth et les petits vers à soie" est un conte pour enfants écrit par Marie Elisabeth CRUZ RODRIGUEZ à l'âge de neuf ans en collaboration avec son père.

Ce conte pour enfants a été édité et traduit en français par l'Association Concienciarte : N° SIRET 841 914 088 00015 APE 9499Z.

Photographie d'un dessin réalisé par la jeune artiste Marie Elisabeth (Antequera, Espagne, août 2018). Diffusé au travers des réseaux de communication de *l'Association ConCienciArte*, comme le 11 janvier 2019 à l'occasion de la présentation des peintures de l'artiste "ELIDAN" à Montereau-Fault-Yonne, France, ville natale de la jeune écrivaine.

Merci Carmen (une amie de Marie Elisabeth) pour les petits vers à soie donné.

Merci Monsieur José Luis CAPARROS CAPARROS pour la traduction en français.

Merci à l'école : Colegio Infante Don Fernando, de Antequera, Málaga, pour sa collaboration dans l'Edition.

"Mi Miniatura Existencia"

Mi niña de seis años
¡cuánto te extraño mi ser!
no existen razones ni motivos
que justifiquen tu ausencia
más, entre mis brazos vacíos
imagino tu presencia,
donde estoy ya no uso la corona
¿de qué me vale ser rey
si no tengo a mi princesa?
ojos pequeños, claro y escaso pelo
¡así estamos hecho tu y yo, mi niña amada!
si me resto treinta años
seria tu hermano gemelo
¡ay mi niña querida, benditas sean tus manos!
pues acariciar mi rostro
solo tú haces perfecto
cuando tocas mis mejillas
tengo la sensación:

que el mar me acaricia con su brisa
hoy papito esta malito
y donde estoy no me permiten ir a verte
no te angusties ten paciencia
mañana estaré mejor
más recibe tu preciado regalo
de cenicienta sus zapatos
juega princesa, se feliz
tu felicidad es mi alegría
mi libertad, mi vida
te amo, a ti dedico mis días
mi miniatura existencia.

"YO: Su Miniatura Existencia"

Tengo tan solo seis añitos
y una carta a mi papito le escribo,
pues él, está muy enfermito
causándome gran tristeza;
¿dónde está, yo no lo sé?
sólo sé cuánto lo extraño
y él a mí, seguro también:

Papito mío,
aunque parezcan dibujos
tú entenderás mi mensaje:
desde tu ausencia
vivo en castillo de hechizos;
y no quiero ser la princesa
que juega con rosa vestido
buscando su padre escondido;
descalzos andarán mis pies
pues: ¿para qué, de cenicienta sus zapatos,
si sólo tú, juegas a cuentos de hadas conmigo?
prefiero esta noche tener
un beso tierno, de tus labios,
quiero soñar sin suspiros,
¡solo quiero este regalo...
papito mío!

El Poema, "Mi Miniatura Existencia", escrito por el padre de Marie Elisabeth, fue Mención Especial en el Concurso Nacional de Poesía Arroyo de La Miel, España: noviembre 2015.

Érase una vez, la pequeña Elisabeth de nueve años, que regresaba de la escuela a su casa, se detuvo al pie de un frondoso árbol, en el parque más húmedo de su cálida ciudad. Le había llamado la atención como se amontonaban decenas de gusanitos de seda sobre las pálidas hojas caídas.

Au Parc

Il était une fois, la petite Elisabeth, âgée de 9 ans, de retour de l'école, s'arrête au pied d'un arbre touffu dans le parc le plus humide de sa ville chaleureuse. Son attention avait été attirée par la façon dont des dizaines de vers à soie s'entassaient sur les pâles feuilles mortes.

Los gusanitos, se reían y jugaban, ignorando que una hambrienta paloma blanca, se aproximaba en búsqueda de comida para sus pequeños pichones, que estaban esperando el alimento en su nido, que estaba justo en una de las ramas del frondoso árbol.

Les petits vers, riaient et jouaient, ignorant qu'une colombe blanche affamée s'approchait à la recherche de nourriture pour ses petits qui attendaient de quoi manger dans le nid se trouvant dans l'une des branches de l'arbre touffu.

La niña, observa como la paloma que con gran apetito devoraba algunos indefensos gusanitos, y otros los intentaba llevar en su pico. Rápidamente, en una cajita roja de zapatos, que encontró cerca del árbol, escondió a algunas criaturas sobrevivientes.

Rencontre avec la colombe

La petite fille, observe comment la colombe dévorait avec beaucoup d'appétit les vers sans défense, et tentait en porter d'autres dans leur bec. Rapidement, dans une petite boîte à chaussures rouge qu'elle trouva près de l'arbre, elle cacha quelques créatures survivantes.

Fueron nueve, los gusanitos de seda que continuaron con vida, ante el voraz apetito de la paloma. Elisabeth, los llevó en la cajita de zapatos para su casa, pues tenía miedo, que la paloma regresara por ellos.

Neuf petits vers à soie continuèrent à vivre face à l'appétit vorace de la colombe. Elisabeth les emmena chez elle dans la petite boîte à chaussures parce qu'elle avait peur que la colombe ne revienne les chercher.

La niña, escondió debajo de su cama la cajita de cartón, para que no fuese descubierta por su mamá y por su hermano Daniel de once años. Pensó, que tal vez ellos, no estarían de acuerdo en acoger a los gusanitos en la casa.

Le Monde de la soie

La petite fille, cache la petite boîte en carton sous son lit pour qu'elle ne soit pas découverte par sa mère et son frère Daniel âgé de onze ans. Elle pensa qu'ils n'accepteraient peut-être pas d'accueillir les petits vers dans la maison.

Ese día Elisabeth se durmió algo triste, pues hacía mucho tiempo no veía a su papá, y recordó, que, en ese mismo parque, él le enseñó a patinar y a usar la bicicleta.

Ce jour-là, Elisabeth s'endormit un peu triste car elle n'avait pas vu son père depuis longtemps et se rappela que dans ce même parc il lui avait appris à patiner et à faire du vélo.

La niña, mientras dormía, escucha una voz que le pedía ayuda para escapar de la cajita de zapatos, y sin pensarlo dos veces, decidió echar un vistazo en el interior de la caja.

Rêves de soie

Pendant qu'elle dormait, la petite fille entend une voix demandant de l'aide pour s'échapper de la petite boîte à chaussures, et sans y réfléchir à deux fois, elle décide de jeter un coup d'oeil à l'intérieur de la boîte.

De puntillitas de pie, para no hacer ruido, fue caminando hacia donde sentía la voz que pedía ayuda, y sintió que su cuerpo se convertía en una pluma que flotaba.

Sur la pointe des pieds pour ne pas faire de bruit, elle marche vers l'endroit où elle entendait la voix qui demandait de l'aide et elle sent que son corps devient comme une plume qui flotte.

En el interior de la cajita de zapatos se encontraban los gusanitos que ella había rescatado de la paloma, y cada uno estaba, en hojas que había ella colocado en el interior para que se alimentaran, y se escondieran en caso de peligro.

Château de soie

À l'intérieur de la petite boîte à chaussures, se trouvaient les petits vers qu'elle avait sauvés de la colombe et chacun était sur des feuilles qu'elle avait placées à l'intérieur pour qu'ils puissent se nourrir et se cacher en cas de danger.

El interior de la cajita roja era como el salón de un castillo hechizado, donde todos los habitantes eran de seda.

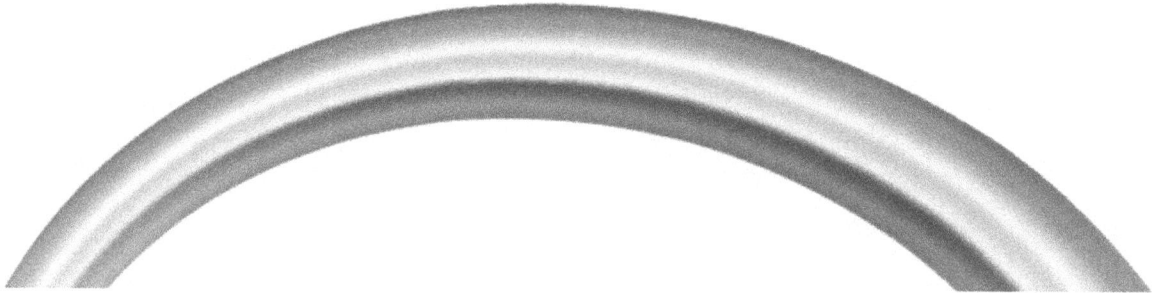

L'intérieur de la petite boîte rouge était comme le salon d'un château ensorcelé où tous les habitants étaient faits de soie.

Gusanito Médico / Le petit ver Docteur

En una primera hoja, encuentra un gusanito vestido de seda en rojo, con quien conversa respecto lo importante de la salud, y el valor de los médicos.

El gusanito Médico, sin preguntar por la razón que ella estaba allí, le dijo:

Yo soy lo más importante del universo: - ¿no es verdad?

La niña respondió: - es verdad, ¡tú eres el color rojo del arco-iris!

Le petit ver Docteur

Sur une première feuille, elle trouve un petit ver vêtu de soie rouge avec lequel elle parle de l'importance de la santé et de la valeur des docteurs.

Le petit ver sans demander pourquoi elle était là lui dit : Je suis la chose la plus importante de l'univers : - ¿N'est-ce pas vrai ?

La petite fille répondit : - C'est vrai, ¡tu es la couleur rouge de l'arc-en-ciel !

Elisabeth, es una niña con gran amor por la naturaleza, por esa razón, le ha dicho al gusanito médico que él era el color rojo de los siete colores del arco-iris. Realmente, le ha dicho ese color, inspirada en el sombrerito del gusanito médico, y además, ella se preocupaba por la voz que le pedía ayuda para salir de la cajita de zapatos.

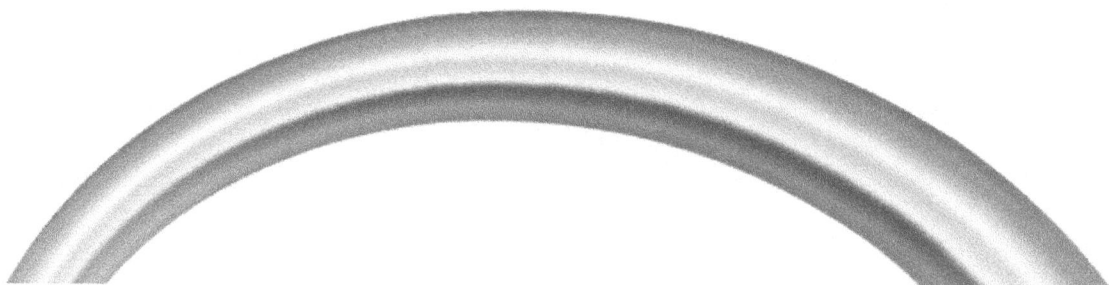

Elisabeth est une petite fille avec un grand amour pour la nature et c'est pour cette raison qu'elle a dit au petit ver médecin qu'il était le rouge des sept couleurs de l'arc-en-ciel. En fait elle lui a attribué cette couleur en s'inspirant du petit chapeau du petit ver médecin et en plus elle s'inquiétait à cause de la voix qui demandait de l'aide pour sortir de la petite boîte à chaussures.

En una segunda hoja, encuentra un gusanito vestido de seda en naranja, con quien conversa respecto lo importante de la educación, y el valor de los maestros; pero nunca mencionó la importancia de ser un buen alumno.

El gusanito dijo: ¿soy yo lo más importante del universo: - no es verdad?

La niña respondió: - ¡es verdad, tú eres el color naranja del arco-iris!

Le petit ver Maître d'école

Sur une deuxième feuille, elle trouve un petit ver vêtu de soie orange avec lequel elle parle de l'importance de l'éducation et de la valeur des maîtres d'école, mais ne mentionne jamais l'importance d'être un bon élève.

Le petit ver dit : Je suis la chose la plus importante de l'univers : - ¿N'est-ce pas vrai ?

La petite fille répondit : - ¡C'est vrai, tu es la couleur orange de l'arc-en-ciel !

La niña en su mente se decía: - Los maestros deben ser los mejores alumnos, y solamente así, lograran enseñar a los demás. Por eso, tú solo eres el color naranja, pues debes aprender más de lo que pretendes enseñar. Ella seguía concentrada en la voz que pedía ayuda, y no tenía mucho tiempo para enseñarle al maestro a: ser mejor alumno cuando se aprende de lo que se enseña. Pues a ella, le había quedado claro, que él no aprendía a ser modesto.

La petite fille se disait dans sa tête : - Les enseignants doivent être les meilleurs élèves et c'est seulement ainsi qu'ils pourront enseigner aux autres. C'est pourquoi tu es seulement la couleur orange parce que tu dois apprendre plus que ce que prétends enseigner. Elle restait concentrée sur la voix qui demandait de l'aide et n'avait pas beaucoup de temps pour enseigner au maître à être un meilleur élève étant donné qu'on apprend de ce qu'on enseigne. Il était clair pour elle qu'il n'apprenait pas à être modeste.

Gusanito Deportista / Le petit ver Sportif

En una tercera hoja, encuentra un gusanito vestido de seda en amarillo, con quien conversa respecto lo importante del deporte, y el valor de los atletas.

- Yo soy, quien planifica todas las tareas deportivas aquí en el mundo de seda, y todos me obedecen como al rey, pues el deporte es la buena salud. - Dijo el gusanito deportista, añadiendo:

- ¿Soy yo lo más importante del universo, no es verdad?

La niña respondió: - ¡es verdad, tú eres el color amarillo del arco-iris!

Le petit ver Sportif

Sur une troisième feuille, elle trouve un petit ver vêtu de soie jaune avec lequel elle parle de l'importance du sport et de la valeur des athlètes.

- C'est moi qui planifie toutes les tâches sportives ici dans le monde de la soie et tout le monde m'obéit comme à un roi car le sport c'est la santé, - dit le petit ver sportif en ajoutant :

- ¿Je suis la chose la plus importante dans l'univers, n'est-ce pas vrai ?

La petite fille répondit : - ¡C'est vrai, tu es la couleur jaune de l'arc-en-ciel !

La niña en su mente se decía: - El deporte que necesitan los gusanitos ahora es conocer cómo realizar sus capullitos, y permanecer quietos, para no gastar mucha energía hasta convertirse en mariposas. No es tiempo de competiciones para resaltar en valores físicos. La angustia de la niña era aquella voz, que cada vez era más intensa, y solo le decía – ayúdame a salir de aquí.

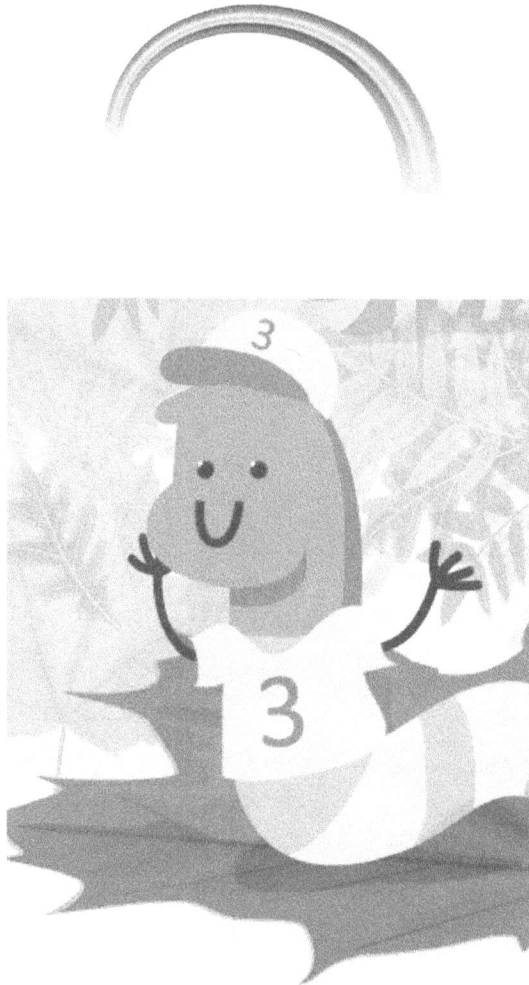

La petite fille se disait dans sa tête : - Le sport dont les vers ont besoin maintenant est de savoir comment faire leurs petits cocons et de rester immobile pour ne pas dépenser trop d'énergie jusqu'à ce qu'ils deviennent papillons. Ce n'est pas le moment de faire des compétitions pour mettre en avant les valeurs physiques. L'angoisse de la petite fille était cette voix qui devenait de plus en plus intense et qui lui disait seulement - aide-moi à sortir d'ici.

Gusanito Artista / Le petit ver Artiste

En una cuarta hoja, encuentra un gusanito vestido de seda en verde, con quien conversa respecto lo importante del arte y el valor de los artistas. El gusanito, le mencionó algunas de sus obras de seda, que habían sido premiadas, como un avión realizado con huevos infértiles de seda.

El artista con gran seguridad dijo: - ¿Soy yo lo más importante del universo, no es verdad?

La niña respondió: - es verdad, ¡tú eres el color verde del arco-iris!

Le petit ver Artiste

Sur une quatrième feuille, elle trouve un petit ver en robe de soie verte avec lequel elle parle de l'importance de l'art et de la valeur des artistes. Le petit ver lui parla de quelques-unes de ses œuvres de soie, qui avaient été récompensées, tel comme, un avion fait avec des œufs stériles de soie.

L'artiste dit avec beaucoup de sécurité : - ¿Je suis la chose la plus importante de l'univers, n'est-ce pas vrai ?

La petite fille répondit : - ¡C'est vrai, tu es la couleur verte de l'arc-en-ciel !

La niña en su mente se decía: - La vida es arte... por tanto, todo ser viviente es un artista. Por eso, el gusanito artista es solo un color del arco-iris. "El verdadero ARTE debe generar arte" y los huevos de seda del gusanito, eran infértiles, además, ¿para qué crear un avión cuando un gusanito puede volar tan solo esperando ser mariposa?

La niña se preocupa, pues por un instante deja de escuchar la voz que le llamaba. ¿Tal vez, el peligro había acabado?

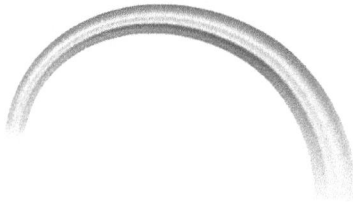

La petite fille se disait dans sa tête : - La vie est art.... donc chaque être vivant est un artiste. C'est pourquoi le petit ver artiste n'est qu'une couleur de l'arc-en-ciel. "L'ART véritable doit générer de l'art" et les œufs de soie du petit ver étaient stériles, en plus, ¿pourquoi créer un avion quand un petit ver peut voler juste en attendant d'être un papillon ?

La petite fille s'inquiète parce que pendant un moment elle n'entend plus la voix qui l'appelait. ¿Peut-être que le danger était passé ?

Gusanito Carpintero / Le petit ver Charpentier

En una quinta hoja, encuentra un gusanito vestido de seda en azul, con quien conversa respecto lo importante del trabajo de oficio, y el valor de los obreros. El gusanito dijo que sobrevivan los que fueran capaces de hacer sus propias casas, y alimentar sus familias.

El gusanito, mostrando su herramienta de trabajo dice:

- ¿soy yo lo más importante del universo: - no es verdad?

La niña respondió: - es verdad, ¡tú eres el color azul del arco-iris!

Le petit ver Charpentier

Sur une cinquième feuille, elle trouve un petit ver vêtu de soie bleue avec lequel elle parle de l'importance des métiers de l'artisanat et de la valeur des ouvriers. Le petit ver dit que survivent ceux qui seraient capables de construire leur propre maison et de nourrir leur famille.

Le petit ver montrant son outil de travail dit : Je suis la chose la plus importante de l'univers :

- ¿n'est-ce pas vrai ?

La petite fille répondit : - ¡C'est vrai, tu es la couleur bleue de l'arc-en-ciel !

La pequeña, pero muy sabia, en su mente se decía: - mi papá es científico, seguro el gusanito carpintero pensará que las largas horas que mi padre trabaja con el microscopio no son tan importantes en la construcción de las grandes casas, mejor, no le digo nada, pues pensará que yo no tengo derecho a estar aquí, en el mundo de seda, donde todos trabajan comiendo hojas para poder vivir en el mundo de seda. La voz, que pedía ayuda, vuelve a escucharla, justo a medio discurso del gusanito carpintero.

La petite, mais très savante, se disait dans sa tête : - mon papa est scientifique, le petit ver charpentier pensera sûrement que les longues heures que mon père passe avec son microscope ne sont pas importantes dans la construction de grandes maisons, je ferais mieux de ne rien lui dire car il va penser que je n'ai pas le droit d'être ici dans le monde de la soie où tous travaillent en mangeant les feuilles pour pouvoir vivre. Elle recommença à entendre voix qui demandait de l'aide à mi-discours du petit ver charpentier.

Gusanito Juez / Le petit ver Juge

En una sexta hoja, encuentra un gusanito vestido de seda en índigo, con quien conversa respecto lo importante de las leyes, y el valor de la justicia. Le comenta el gusanito que incluso las flores, cuando son de colores raros como las rosas negras, si pertenecen a su mundo de seda: él tenía autoridad para ponerlas en prisión.

El gusanito Juez dijo: - ¿soy yo lo más importante del universo, no es verdad?

La niña respondió: - ¡es verdad, tú eres el color índigo del arco-iris!

Le petit ver Juge

Sur une sixième feuille, elle trouve un petit ver vêtu de soie indigo avec lequel elle parle de l'importance des lois et de la valeur de la justice. Le petit ver lui dit que même quand les fleurs sont de couleurs étranges comme les roses noires, si elles appartiennent à son monde de la soie, il avait l'autorité pour les mettre en prison.

Le petit ver Juge dit : - ¿Je suis la chose la plus importante de l'univers, n'est-ce pas vrai ?

La petite fille répondit : - ¡C'est vrai, tu es la couleur indigo de l'arc-en-ciel !

La niña en su mente se decía: - También tú puedes cometer errores, y otros podrán juzgarte. ¿Cómo puedes ser lo más importante del universo, si a una rosa de seda, la has privado de libertad, por no entender su encantada apariencia? Realmente, eran gritos los que la niña escuchaba, pidiendo salir de la cajita, mientras el gusanito juez hacia su discurso... Elisabeth, desesperada, comienza a buscar por las hojas que faltaban dentro de la cajita de zapatos.

La petite fille se disait dans sa tête : - Toi aussi tu peux commettre des erreurs et les autres pourront te juger. Comment peux-tu être la chose la plus importante de l'univers si tu as privé une rose de soie de liberté parce que tu n'as pas compris son aspect enchanté ? C'est vraiment des cris que la petite fille entendait, demandant à sortir de la petite boîte pendant que le petit ver juge faisait son discours... Elisabeth commença désespérément à chercher les feuilles qui manquaient dans la petite boîte à chaussures.

Gusanito Mentiroso / Le petit ver Menteur

En una séptima hoja, encuentra un gusanito vestido de seda en violeta, muy presumido, con quien conversa respecto al daño de la mentira, y el valor de la verdad. Pero siempre, él fue muy sincero y honesto, el gusanito, al decir que él no merecía estar en el mundo de seda, donde él prefería comer de las hojas que otros gusanitos hacían caer para los que no podían subir los árboles.

El gusanito Mentiroso dijo: ¿yo sé, soy la vergüenza del universo, no es verdad?

La niña respondió: - es verdad, ¡tú eres el color violeta, también tú eres parte del arco-iris!

Le petit ver Menteur

Dans une septième feuille, elle trouve un petit ver vêtu de soie violette très présomptueux avec qui elle parle des dégâts du mensonge et de la valeur de la vérité. Mais le petit ver a toujours été très sincère et honnête en disant qu'il ne méritait pas d'être dans le monde de la soie où il préférait manger des feuilles que les autres petits vers faisaient tomber pour ceux qui ne pouvaient pas grimper aux arbres.

Le petit ver Menteur dit : ¿Je sais que, je suis la honte de l'univers, n'est-ce pas vrai ?

La petite fille répondit : - ¡C'est vrai, tu es la couleur violette, tu fais aussi partie de l'arc-en-ciel !

La niña en su mente se decía: - "la frontera entre la verdad y la mentira es la honestidad" … las palabras honestas y sinceras del gusanito mentiroso la conmovieron, de tal manera, que se atrevió a darle un consejo: – Pronto, tú harás capullo gracias a toda la hoja que de otros has comido… ya eso no lo puedes cambiar, como tampoco podrás cambiar que brotaran alas en tu cuerpo. Tendrás: la fuerza suficiente para llevar hojas a quienes no puedan salir a buscarla.

No estaba muy lejos la voz que pedía auxilio para salir de la cajita, la niña la escuchaba muy cerca…

La petite fille dans se disait dans sa tête : - "la frontière entre la vérité et le mensonge, c'est l'honnêteté"…. les paroles honnêtes et sincères du petit ver menteur l'émurent au point qu'elle osa lui donner un conseil. - Bientôt tu feras ton cocon grâce à toutes les feuilles qui étaient pour les autres et que tu as mangées… tu ne peux pas changer ça, tout comme tu ne pourras pas empêcher que des ailes poussent sur ton dos.

La voix qui demandait de l'aide pour sortir de la petite boîte n'était pas très loin, la petite fille l'entendait de très près.

Elisabeth, finalmente encuentra quien pedía ayuda para salir de la caja, era una gusanita vestida en blanco de seda, quien lloraba, pues deseaba escapar de la caja para ir hacia el jardín de la casa para estar cerca de su papá, el rey del mundo de seda.

La Princesse du monde de la soie

Elisabeth, trouve finalement qui était la voix qui demandait de l'aide pour sortir de la boîte, c'était une petite chenille vêtue d'une robe de princesse de soie blanche qui pleurait parce qu'elle voulait s'échapper de la boîte pour aller jusqu'au jardin de la maison afin d'être près de son père, le roi du monde de la soie.

La princesita, le cuenta a la niña, que su padre pasaba mucho tiempo sonando una flauta mágica a una enorme rosa negra de seda. La gusanita se quejaba de la poca atención de su padre con quien no podía jugar.

La princesa gusanita dijo: - ¿Soy yo lo más importante del universo de mi papá?

La niña respondió: - ¡pues claro, tú eres el color blanco, la unión de todos los colores, su arco-iris!

¡Eres tú, su mundo de seda, eres tú: su miniatura existencia!

La petite princesse raconte à la petite fille que son père passait beaucoup de temps à jouer de la flûte magique pour une énorme rose de soie noire. La petite chenille se plaignait du manque d'attention de son père avec qui elle ne pouvait pas jouer.

La petite princesse chebille dit : "Suis-je la chose la plus importante dans l'univers de mon papa ?

La petite fille répondit : "Bien sûr, tu es la couleur blanche ! L'union de toutes les couleurs, son arc-en-ciel ! Tu es son monde de soie, tu es sa miniature existence !

El Rey del mundo de seda / Le Roi du monde de la soie

Algo disgustada Elisabeth, buscó en un rinconcito de la caja al papá de la gusanita princesa, al rey del mundo de seda, a quien le reclama sobre la falta de dedicación de tiempo a su pequeña hija. Le exigió, que pasara más tiempo con su pequeña hija.

Le Roi du monde de la soie

Un peu contrariée, Elisabeth chercha dans un petit coin de la boîte le père de la petite chenille princesse, le roi du monde de la soie, auprès de qui elle alla se plaindre du peu de temps qu'il consacrait à sa petite fille. Elle exigea qu'il passe plus de temps avec sa petite fille.

El coronado gusanito, le dice llorando a la enrojecida niña, que su princesita había nacido sin hilos de seda. Que fue un hechizo de una malvaba bruja para que su hija no tuviera manta de seda para hacer su capullito. Y que cada día, el partía para hacer sonar una flauta a una hechizada flor negra de seda, para convencerla de que le regalara un pétalo.

Le petit ver couronné dit en pleurant à la petite fille courroucée que sa petite princesse était née sans fils de soie. Que ce fut un sort qu'une méchante sorcière jeta sur sa petite fille pour qu'elle n'ait pas de couverture de soie pour faire son petit cocon. Et que chaque jour, il partait jouer de la flûte à la fleur de soie noire envoûtée pour la convaincre de lui donner un pétale.

La flor hechizada / La fleur ensorcelée

La negra flor de seda era una hermosa rosa con pétalos del color del arco-iris; pero por ser muy vanidosa la bruja la hechizó, y la condenó a no tener libertad, ni colores, hasta que ella muriera por un verdadero amor.

La fleur ensorcelée

La fleur de soie noire était une belle rose avec des pétales aux couleurs de l'arc-en-ciel, mais parce qu'elle était si vaniteuse, une sorcière l'ensorcela et la condamna à n'avoir aucune liberté ni aucune couleur jusqu'à ce qu'elle meure d'un amour véritable.

Por esa razón, el rey, que conocía el secreto de la rosa, hacía sonar una flauta mágica cada tarde, para pedirle uno de sus pétalos, y así salvar a su verdadero amor, su pequeña princesa, permitiéndole hacer con un pétalo una manta para su capullito de seda.

Su alteza gusanito dijo: ¡mi princesita es mi universo!

- ¿no es importante?

La niña respondió: -¡es verdad, es importante que, tu miniatura existencia sea el arco-iris del mundo de seda!

Pour cette raison, le roi qui connaissait le secret de la rose jouait chaque après-midi de la flûte magique pour lui demander un de ses pétales et ainsi sauver son amour véritable, sa petite princesse, lui permettant de faire avec un pétale une couverture pour son cocon de soie.

Son Altesse le petit ver dit : - ¡c'est vrai, ma petite princesse est mon univers !

- ¿N'est-ce pas important ?

La jeune petite fille répondit : ¡C'est vrai, il est important que ta princesse blanche soit l'arc-en-ciel du monde de la soie !

El gusanito rey, le pidió a Elisabeth, que cuando él no pudiera hacer sonar la flauta mágica a la rosa negra de seda, que ella regara el jardín cada mañana. Pues sin la música, la flor hechizada necesitaba mucha agua para vivir y poder ser una flor normal.

La niña le prometió, a su majestad gusanito, encargarse de todas las flores, para cuando él estuviera ausente.

La promesse

Le petit ver roi demanda à Elisabeth que lorsqu'il ne pourrait plus jouer de la flûte magique à la rose de soie noire qu'elle l'arrose chaque matin dans le jardin. En effet, sans musique, la fleur ensorcelée avait besoin beaucoup d'eau pour vivre, et pouvoir être elle comme une fleur normale. La petite fille promit à Sa Majesté le petit ver de prendre soin de toutes les fleurs en son absence.

La niña aceptó la propuesta del rey del mundo de seda, y prometió regar la flor. Ella pensaba, que pronto estarían los nueve capullitos dentro de la cajita roja de cartón, y finalmente, todos serian mariposas, y las imaginaba volando entre las flores de su jardín.

La jeune fille accepta la proposition du roi du monde de la soie et promit d'arroser la fleur. Elle pensait que bientôt les neuf petits bourgeons de fleurs seraient à l'intérieur de la petite boîte en carton rouge et finalement ils seraient tous des papillons et elle les imaginait voler parmi les fleurs de son jardin.

La gran decepción / La grande déception

Al amanecer, la niña fue corriendo hacia la cajita de zapatos, y al ver solo ocho capullos al interior comenzó a llorar, pues pensó, que la princesita no había alcanzado a hacer un nido de seda en su cuerpo.

La grande déception

A l'aube, la petite fille partit en courant vers la petite boîte à chaussures et en voyant seulement huit cocons à l'intérieur, se mit à pleurer parce qu'elle pensa que la petite princesse n'avait pas réussi à faire un nid de soie pour son corps.

La niña imaginó, que la enorme flor negra había sido muy egoísta, negándole un pétalo a la princesita, y muy decepcionada, se le olvidó de regar la rosa encantada como había prometido al gusanito rey.

La petite fille imagina que l'énorme fleur noire avait été très égoïste en refusant un pétale à la petite princesse et très déçue elle oublia d'arroser la rose enchantée comme elle l'avait promis au petit ver roi.

Algunos días pasaron, y la pequeña Elisabeth no deseaba, ni siquiera, abrir la cajita roja para ver los ocho capullos, pues le daba tristeza recordar a la princesa gusanita.

L'arc-en-ciel de papillons

Quelques jours passèrent et la petite Elisabeth ne voulait même pas ouvrir la petite boîte rouge pour voir les huit cocons parce que cela la rendait triste de se souvenir de la petite chenille princesse.

Con los ojos muy enrojecidos, Elisabeth observa a la enrejada rosa negra, que estaba casi al borde de morir por falta de agua. Y un manantial de lágrimas brotó de su rostro hasta la raíz de la rosa. El intenso brillo, de tan solo una gota, hizo nacer un enorme arco-iris, y como rayos fugases salieron siete bellas mariposas de la cajita de cartón, cada una, con un color del arco-iris, quienes volaron, mezclándose en lo alto del cielo.

Avec ses yeux très rouges, Elisabeth vit la rose noire flétrie qui était presque sur le point de mourir par manque d'eau. Et une source de larmes coula de son visage jusqu'à la racine de la rose. La lueur intense d'une seule goutte fit naître un énorme arc-en-ciel dans le ciel. Comme des rayons fugaces, sept beaux papillons sortirent de la petite boîte en carton, chacun avec une couleur de l'arc-en-ciel, lesquels volèrent jusqu'à former un mélange dans le ciel.

La cajita de zapatos quedó abierta, y de su interior salió una octava mariposa. Una bella mariposa de blancas alas, con velo de flores como corona de princesa. ¡Era la princesa gusanita, que había realizado su capullito con la manta del amado papá!

¿Pero dónde estaba el rey? Su papá, le había dejado una flauta mágica y un mensaje escrito para decirle como encontrarlo: "hija no me juzgues… solo ámame, como yo a ti"

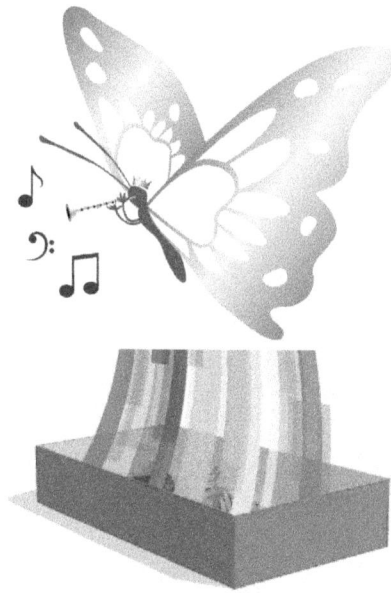

La magie de la flûte

La petite boîte à chaussures resta ouverte et de son intérieur sortit le huitième papillon. Un beau papillon avec des ailes blanches et des fleurs voilées comme couronne de princesse. C'était la petite chenille princesse qui avait fait son petit cocon avec la couverture de son papa bien-aimé !

Mais où était le roi ? Son papa lui avait laissé une flûte magique et un message écrit pour lui dire où le trouver. "Ma fille ne me juge pas… aime-moi seulement, comme je t'aime."

Una bella música, se escuchaba del interior de la flor hechizada, y la bella mariposa blanca voló muy a prisa con su flauta, hacia la negra rosa de seda, para hacerla sonar con todas sus fuerzas.

Ella sabía, que su papá, estaba dentro de aquella enorme montaña de pétalos negros.

Une belle musique se faisait entendre de l'intérieur de la fleur ensorcelée et le beau papillon blanc vola très vite avec sa flûte vers la rose de soie noire pour en jouer de toutes ses forces.

Elle savait que son papa était dans cette énorme montagne de pétales noirs.

El sonido de la flauta, desde el interior de la rosa y el sonido de la flauta de la princesita, se fusionaron en uno solo, y el arco-iris hizo relampaguear la flor.

La flor recobró fuerzas, y buscando el cielo, fue dejando su color negro, remplazándolo por los matices de todos los colores.

Les Retrouvailles

Le son de la flûte depuis l'intérieur de la rose comme celui de la flûte de la princesse fusionnèrent en un seul et un arc-en-ciel fit s'illuminer la fleur.

La fleur reprit des forces et cherchant le ciel, elle perdit peu à peu sa couleur noire le remplaçant par les nuances de toutes les couleurs.

El hechizo había terminado para la rosa negra de seda, pues era una hermosa flor, con todos los colores del arco-iris. Tan solo sus espinas eran de seda, tal vez, para mostrar que era inofensiva, y al mismo tiempo tener derecho a pertenecer al mundo de seda.

Le sortilège était terminé pour la rose de soie noire et c'était une belle fleur avec toutes les couleurs de l'arc-en-ciel. Seules ses épines étaient en soie, peut-être, pour montrer qu'elle était inoffensive et en même temps avoir le droit d'appartenir au monde de la soie.

El verdadero amor / L'amour véritable

Cuando todos los pétalos de la mágica rosa estaban abiertos, el rey gusanito convertido en mariposa, mosaica de colores, pudo salir con su flauta. Y cuando estuvo cerca de su amada hija, le susurró al oído cariñosamente. - no pienses en cuanto tiempo hemos perdido… solo perderíamos más… mi miniatura existencia.

L'amour véritable

Quand tous les pétales de la rose magique étaient ouverts, le petit ver roi transformé en avec une mosaïque de couleurs put sortir avec la flûte. Et quand il fut près de sa fille bien-aimée, il lui murmura affectueusement à l'oreille. "Ne pense pas au temps qu'on a perdu… on en perdrait encoré davantage… mon existence miniature"

"Elisabeth y los gusanitos de seda"

La pequeña Marie-Elisabeth nació en Montereau Fault-Yonne el 14 de Enero de 2009. De padres de origen cubanos, sin ser desarraigada de su cultura cubana nativa, fue inmersa junto con su hermano Luis-Daniel, quien es dos años mayor que ella, en lo más profundo de los valores de Francia... ¡Su pasión por las artes nació en la escuela, donde con la edad de tres años, ya dominaba mejor los pinceles que los cubiertos en la mesa! Su estilo para pintar fue manifestándolo muy pronto, sobre todo en las paredes de su casa, que eran sus cuartillas preferidas. Es cierto, que el trabajo como investigador de su papá, reducía el tiempo que le acordaba para jugar con ella, pero su prodigiosa imaginación era capaz de convertir su tristeza en el sustrato de historias fascinantes.

Este cuento, "Elisabeth y los gusanitos de seda", les invita a reflexionar sobre la manera en que la inocencia de una niña de nueve años intenta descifrar un entorno social simplificado con nueve gusanitos de seda.

"Elisabeth et les petits vers à soie"

La petite Marie-Elisabeth est née à Montereau Fault-Yonne le 14 janvier 2009. De parents d'origine cubaine, sans être déracinée de sa culture cubaine natale, elle fut plongée avec son frère Luis-Daniel, qui a deux ans de plus qu'elle, dans les valeurs les plus profondes de la France... ¡Sa passion pour les arts est née à l'école, où à trois ans déjà elle maîtrisait déjà mieux les pinceaux que les couverts à table! Son style pour peindre s'est manifesté très rapidement, surtout sur les murs de sa maison qui étaient ses supports préférées. Il est vrai, que le travail de son père en tant que chercheur, réduisait le temps qu'il lui accordait pour jouer avec elle, mais son imagination prodigieuse était capable de transformer sa tristesse en substrat pour des histoires fascinantes.

Ce conte, "Elisabeth et les petits vers à soie" vous invite à réfléchir sur la façon dont l'innocence d'une fillette de neuf ans tente de déchiffrer un environnement social simplifié avec neuf petits vers à soie.

ISBN: 978-2-9568439-0-0

9 782956 843900

www.ingramcontent.com/pod-product-compliance
Lightning Source LLC
LaVergne TN
LVHW061303060426
835510LV00014B/1858